¿Razonabilidad sin Razón?

Análisis a la fracción XXX del
Artículo 28 de la Ley del
Impuesto Sobre la Renta
Para establecer su
Razonabilidad o no Razonabilidad

Dr. Guillermo Robertson Andrade

¿Razonabilidad sin Razón?
Dr. Guillermo Robertson Andrade

Análisis a la fracción XXX del artículo 28 de la Ley del Impuesto Sobre la Renta para establecer su Razonabilidad o no Razonabilidad

¿Razonabilidad sin Razón?
Dr. Guillermo Robertson Andrade

¿Razonabilidad sin Razón?
Análisis a la fracción XXX del artículo 28 de la Ley del Impuesto Sobre la Renta para establecer su razonabilidad o no razonabilidad.
Primera edición 2015.

¿Razonabilidad sin Razón?
Análisis a la fracción XXX del artículo 28 de la Ley del Impuesto Sobre la Renta para establecer su razonabilidad o no razonabilidad.
Primera edición 2015.

D.R. © Dr. Marcos Guillermo Robertson Andrade

Para esta edición
D.R. © RS Ediciones
Moctezuma No. 718-4 Zona Centro.
Teléfono 646.204.2273
Ensenada, B.C. C.P. 22800.
info@rscorporativo.com

Edición, Diseño y Portadas
D.R. © Wendy R. Saracho Narcio.

Corrección y estilo
D.R. © Wendy R. Saracho Narcio.

¿Razonabilidad sin Razón?
Análisis a la fracción XXX del artículo 28 de la Ley del Impuesto Sobre la Renta para establecer su razonabilidad o no razonabilidad.
Primera edición 2015.

Primera edición 2015. Es una publicación de:
Corporativo Robertson, Saracho, Del Peral S.C. de R.L. de C.V.
Moctezuma No.718-4 Zona Centro.
Ensenada B.C. C.P. 22800.
Oficina. 646.204.22.73

ISBN 978-1512032758

TODOS LOS DERECHOS RESERVADOS

Análisis a la fracción XXX del artículo 28 de la Ley del Impuesto Sobre la Renta para establecer su Razonabilidad o no Razonabilidad

"Cuando llega el tiempo en que se podría, ha pasado aquél en el que se pudo..."

Marie von Eschenbag

¿Razonabilidad sin Razón?
Dr. Guillermo Robertson Andrade

Dedicatoria

¿Razonabilidad sin Razón?
Dr. Guillermo Robertson Andrade

Dedicatoria

El presente trazado de arquitectura se la dedico en especial al Gran Arquitecto del Universo; a mis tres amados hijos, a mi gran amor y compañera en este transcurrir de la vida, Lupita Saracho, a mis padres que me han forjado en un hombre de lucha constante, de aprendizaje y sobre todo siempre luchar hasta el final, a mis hermanos María del Carmen, Martha Roselia y Luis Antonio; a mi Logia, madre adoptiva Hefesto Uno N° 2, y por supuesto a ti contribuyente, pues es para ti una herramienta en el devenir de tu vida empresarial.

¿Razonabilidad sin Razón?
Dr. Guillermo Robertson Andrade

Análisis a la fracción XXX del artículo 28 de la Ley del Impuesto Sobre la Renta para establecer su Razonabilidad o no Razonabilidad

"...quien no presente la demanda de amparo no podrá verse beneficiado con los resultados de otros que si presentaron su demanda..."

Prólogo

¿Razonabilidad sin Razón?
Dr. Guillermo Robertson Andrade

Prólogo

Debemos de recordar que el *principio de relatividad de las sentencias de amparo* mejor conocido comúnmente como *fórmula Otero*, es aquel principio que nos indica que las sentencias van a recaer y surtir efectos legales solamente en la esfera jurídica de quien promovió el juicio constitucional de amparo, sin que el resultado de dicho juicio, pueda aplicarse a otros contribuyentes o gobernados que aunque hayan estado en la misma situación jurídica y también hayan sido agraviados por la norma o por los mismos actos de autoridad, estos no hayan interpuesto la demanda de amparo.

Dicho de otra forma: quien no presente la demanda de amparo no podrá verse beneficiado con los resultados de otros que si presentaron su demanda, situación que para algunos pueda parecer como una situación de inequidad porque si los tribunales resuelven de una manera declarando que una norma es inconstitucional y además emiten jurisprudencia al respecto, la cual es de aplicación obligatoria para quien imparte justicia, estos criterios deberían de aplicarse a todos los mexicanos simplemente por la razón de serlo; lamentablemente esto no es así.

En este material el Dr. Guillermo Robertson Andrade, aborda el tema del juicio de razonabilidad aplicado a la fracción XXX del artículo 28 de la Ley del Impuesto Sobre la Renta, y como es su estilo tiene una visión del alcance de la norma desde su origen legislativo, donde nos señala porque la norma no reúne las características legales necesarias para poder estar contenida en una

Ley, además de limitar las deducciones de los sujetos pasivos afectando con ello en forma directa su patrimonio.

Por tanto tenemos que la creación de la norma artículo 28 fracción XXX de la Ley del Impuesto Sobre la Renta, obedece a un elemento material, entendido como tal, al conjunto de elementos, situaciones socioeconómicas y políticas con fines meramente recaudatorios, que son los que impulsan a crear esta norma jurídica, consistente en disminuir deducciones fiscales.

Estoy convencido que este material será de mucha utilidad práctica para que de hoy en adelante tengamos una visión diferente de las normas jurídicas que aunque por el hecho de estar aprobadas por nuestros legisladores son legales, más no siempre son constitucionales.

C.P. Pedro Hernández Ordaz
Perito contable

¿Razonabilidad sin Razón?
Dr. Guillermo Robertson Andrade

Análisis a la fracción XXX del artículo 28 de la Ley del Impuesto Sobre la Renta para establecer su Razonabilidad o no Razonabilidad

"...este principio nos permite comprender si alguna afectación a los derechos humanos, es debida y correctamente justificada por el legislador..."

Introducción

¿Razonabilidad sin Razón?
Dr. Guillermo Robertson Andrade

Introducción

Es sumamente importante conocer el *principio de razonabilidad,* ya que es a partir del test de dicho principio, mediante el cual, podremos entender, si una norma jurídica afecta y sobrepasa realmente las necesidades básicas y viola algún derecho humano, como lo son: los derechos a la propiedad, al progreso, a la vida digna, etcétera. Asimismo este principio nos permite comprender si alguna afectación a los derechos humanos, es debida y correctamente justificada por el legislador.

Durante el presente ensayo jurídico, veremos la limitante para deducir los pagos que sean ingresos exentos para personas físicas; ya que dichas erogaciones no serán deducibles para los pagadores en un 100%; ya que solo podrán deducir solo una parte de dichos pagos (esto según lo establecido por la fracción XXX del artículo 28 de la Ley del Impuesto Sobre la Renta).

Lo cual como se dejará debidamente probado, tal normatividad no aprueba el test de razonabilidad.

"...siempre que la acción clasificadora del legislador incida en los derechos fundamentales garantizados por la Constitución, será necesario aplicar con especial intensidad las exigencias derivadas del principio de igualdad y no discriminación..."

Juicio de Razonabilidad

¿Razonabilidad sin Razón?
Dr. Guillermo Robertson Andrade

Juicio de Razonabilidad

Es importante que todo impetrante de amparo, esté consciente de que deben existir argumentos destacados de su parte como quejoso; los cuales deben estar encaminados a demostrar la desproporcionalidad de la medida legislativa bajo la óptica del principio de proporcionalidad como parte del juicio de razonabilidad, llamado también "test de proporcionalidad".

A diferencia de la garantía constitucional de proporcionalidad fiscal, (tema que ya fue analizado ampliamente por su servidor en el libro *¿Proporcionalidad sin Proporción?*), el *test de proporcionalidad* constituye un instrumento metodológico de naturaleza jurisprudencial, con la teleología de verificar alguna arbitrariedad en el diseño de la normativa cuestionada.

El principio de proporcionalidad en la medida, como parte del juicio de razonabilidad, a que se ha hecho mención, tiene su origen en la tesis 1a. LIII/2012 (10a), de la Primera Sala de la Suprema Corte de Justicia de la Nación, abril de

2012, tomo uno, página 882 del Libro VII, Décima Época, del Semanario Judicial de la Federación y su Gaceta, del rubro y texto siguientes:

TEST DE PROPORCIONALIDAD DE LAS LEYES FISCALES. EN ATENCIÓN A LA INTENSIDAD DEL CONTROL CONSTITUCIONAL DE LAS MISMAS, SU APLICACIÓN POR PARTE DE LA SUPREMA CORTE REQUIERE DE UN MÍNIMO Y NO DE UN MÁXIMO DE JUSTIFICACIÓN DE LOS ELEMENTOS QUE LO CONFORMAN.
El principio de proporcionalidad, como instrumento metodológico, es un procedimiento interpretativo para la resolución de conflictos entre los contenidos esenciales de las disposiciones normativas fundamentales, que encuentra asidero constitucional en los diversos principios de igualdad e interdicción de la arbitrariedad o exceso, previstos en los artículos 1o., 14 y 16 de la Constitución Política de los Estados Unidos Mexicanos. Dicho principio opera principal, más no exclusivamente, cuando se aduce la violación al principio de igualdad o

equidad tributaria como manifestación específica de éste, pues en ese caso se requiere llevar a cabo, en primer lugar, un juicio de igualdad mediante la equiparación de supuestos de hecho que permitan verificar si existe o no un trato injustificado, esto a partir de un término de comparación, en la medida en que el derecho a la igualdad es fundamentalmente instrumental y siempre se predica respecto de alguien o algo. Así, para verificar si el tratamiento desigual establecido por el legislador resulta constitucionalmente válido, en segundo lugar, el principio de proporcionalidad se conforma de tres criterios, de conformidad con la jurisprudencia 1a./J. 55/2006, consistentes en: a) que la distinción legislativa persiga una finalidad objetiva y constitucionalmente válida; b) que la distinción establecida resulte adecuada o racional, de manera que constituya un medio apto para conducir al fin u objetivo perseguido, existiendo una relación de instrumentalidad medio-fin y, c) la distinción debe ser proporcional, es decir, no es válido alcanzar objetivos constitucionalmente legítimos de un modo abiertamente desproporcional. Ahora, en materia tributaria la Suprema Corte consideró en la jurisprudencia 1a./J. 84/2006, que la intensidad del escrutinio constitucional, a la luz de los principios democrático y de división de poderes, no es de carácter estricto, sino flexible o laxo, en razón de que el legislador cuenta con una amplia libertad en la configuración normativa del sistema tributario sustantivo y adjetivo, de modo que a fin de no vulnerar la libertad política del legislador, en campos como el mencionado, en donde la propia Constitución establece una amplia capacidad de intervención y regulación diferenciada del Estado, considerando que, cuando el texto constitucional establece un margen de discrecionalidad en ciertas materias, eso significa que las posibilidades de injerencia del juez constitucional son menores y, por ende, la intensidad de su control se ve limitada. Consecuentemente, la aplicación del principio de proporcionalidad por parte de la Suprema Corte en su carácter de Tribunal Constitucional, implica que el cumplimiento de los criterios que lo integran requiere de un mínimo y no de un máximo de justificación, es decir, basta que la intervención legislativa persiga una finalidad objetiva y constitucionalmente válida; la elección del medio para cumplir tal finalidad no conlleva a exigirle al legislador que dentro de los medios disponibles justifique cuál de todos ellos cumple en todos los grados (cuantitativo, cualitativo y de probabilidad) o niveles de intensidad (eficacia, rapidez, plenitud y seguridad), sino únicamente determinar si el medio elegido es idóneo, exigiéndose un mínimo y no máximo de idoneidad y, finalmente, debe existir una correspondencia proporcional mínima entre el medio elegido y el fin buscado que justifique la intervención legislativa diferenciada entre los sujetos comparables.

Amparo en revisión 820/2011. Estación de Servicios Los Álamos, S.A. de C.V., 8 de febrero de 2012. Cinco votos. Ponente: José Ramón Cossío Díaz. Secretario: Jorge Jiménez Jiménez.

Nota: Las tesis de jurisprudencia 1a./J. 55/2006 y 1a./J. 84/2006 citadas, aparecen publicadas en el Semanario Judicial de la Federación y su Gaceta, Novena Época, Tomo XXIV, septiembre de 2006, página 75, con el rubro:

"IGUALDAD. CRITERIOS PARA DETERMINAR SI EL LEGISLADOR RESPETA ESE PRINCIPIO CONSTITUCIONAL." y Tomo XXIV, noviembre de 2006, página 29, con el rubro: "ANÁLISIS CONSTITUCIONAL. SU INTENSIDAD A LA LUZ DE LOS PRINCIPIOS DEMOCRÁTICO Y DE DIVISIÓN DE PODERES.", respectivamente.

Tesis: 1a. LIII/2012 (10a.)
Semanario Judicial de la Federación y su Gaceta
Décima Época 200 0683
Primera Sala S.J.F. y su Gaceta Pág. 882 Tesis Aislada (Constitucional)
Registro No. 200 0683

Análisis a la fracción XXX del artículo 28 de la Ley del Impuesto Sobre la Renta para establecer su Razonabilidad o no Razonabilidad

[TA]; 10a. Época; 1a. Sala; S.J.F. y su Gaceta; Libro VII, Abril de 2012, Tomo 1; Pág. 882.
Fuente: Semanario Judicial de la Federación y su Gaceta; Libro VII, Abril de 2012, Tomo 1; Pág. 882.

Del criterio jurisprudencial transcrito, se advierte que el test, se realiza bajo un ejercicio de razonabilidad, que consta de tres operaciones que consisten en:

1. Teleológico. Consiste en determinar si la finalidad es objetiva y constitucionalmente válida.

2. Racional. Consiste en determinar si hay una relación instrumental entre medios utilizados y fin pretendido.

3. Razonable. Valora que se cumpla relación proporcional entre medios y fines, para verificar si un fin constitucionalmente válido no afecta de forma innecesaria otros bienes o

derechos protegidos por la Constitución Federal.

Así las cosas, es conveniente realizar el estudio de la medida de razonabilidad, la última operación enunciada en el párrafo que antecede, a fin de verificar que el legislador no obstante al dirigir la medida legislativa para un fin constitucionalmente lícito, ocasiona menoscabo a derechos protegidos por la Constitución Federal, a favor de la moral quejosa; y que dicha afectación es innecesaria, desmedida y arbitraria.

Sirve de apoyo a lo anterior, lo establecido en la Primera Sala de la Suprema Corte de Justicia de la Nación, en la jurisprudencia 1a./J.

55/2006, visible en la página 75 del tomo XXIV, septiembre de 2006, materia constitucional de la Novena Época del Semanario Judicial de la Federación y su Gaceta, del tenor literal siguiente:

> IGUALDAD. CRITERIOS PARA DETERMINAR SI EL LEGISLADOR REPRESENTA ESE PRINCIPIO CONTITUCIONAL. Ahora bien, en aras de llevar a cabo el examen de razonabilidad de que se habla, se destaca que en aquellos asuntos en que el texto constitucional limita la discrecionalidad del Congreso o del Ejecutivo, la intervención y control del Tribunal Constitucional debe ser mayor, a fin de respetar el diseño establecido por ella. En esas situaciones, el escrutinio judicial debe entonces ser más estricto, por cuanto el orden constitucional así lo exige.

Conforme a lo anterior, la severidad del control judicial, tratándose del diseño de normas tributarias, definitivamente se encuentra inversamente relacionada con el grado de libertad de configuración por parte de los autores de la norma, sin que eso implique ninguna renuncia al estricto ejercicio de las competencias de control.

Lo anterior, se corrobora con la jurisprudencia, 1a./J. 84/2006, emitida por la Primera Sala de la Suprema Corte de Justicia de la Nación, publicada en la página 29, tomo XXIV, noviembre de 2006, Novena Época, materia Constitucional, en el Semanario Judicial de la Federación y su Gaceta, del rubro y texto siguientes:

ANÁLISIS CONSTITUCIONAL. SU INTENSIDAD A LA LUZ DE LOS PRINCIPIOS DEMOCRÁTICO Y DE DIVISIÓN DE PODERES.

Acorde con las consideraciones sustentadas por la Primera Sala de esta Suprema Corte de Justicia de la Nación en la tesis 1a. CXXXIII/2004, de rubro: IGUALDAD. CASOS EN LOS QUE EL JUEZ CONSTITUCIONAL DEBE HACER UN ESCRUTINIO ESTRICTO DE LAS CLASIFICACIONES LEGISLATIVAS (INTERPRETACIÓN DEL ARTÍCULO 1o. DE LA CONSTITUCIÓN POLÍTICA DE LOS ESTADOS UNIDOS MEXICANOS).

...Siempre que la acción clasificadora del legislador incida en los derechos fundamentales garantizados por la Constitución, será necesario aplicar con especial intensidad las exigencias derivadas del principio de igualdad y no discriminación. De igual manera, en aquellos asuntos en que el texto constitucional limita la discrecionalidad del Congreso o del Ejecutivo, la intervención y control del tribunal constitucional debe ser mayor, a fin de respetar el diseño establecido por ella. Para este Alto Tribunal es claro que la fuerza normativa del principio democrático y del principio de separación de poderes tiene como consecuencia obvia que los otros órganos del Estado -y entre ellos, el juzgador constitucional- deben respetar la libertad de configuración con que cuentan el Congreso y el Ejecutivo, en el marco de sus atribuciones. Conforme a lo anterior, la severidad del control judicial se encuentra inversamente relacionada con el grado de libertad de configuración por parte de los autores de la norma. De esta manera, resulta evidente que la Constitución Federal exige una modulación del juicio de igualdad, sin que eso implique ninguna renuncia de la Corte al estricto ejercicio de sus competencias de control. Por el contrario, en el caso de normatividad con efectos económicos o tributarios, por regla general, la intensidad del análisis constitucional debe ser poco estricta, con el fin de no vulnerar la libertad política del legislador, en campos como el económico, en donde la propia Constitución establece una amplia capacidad de intervención y regulación diferenciada del Estado, considerando que, cuando el texto constitucional establece un margen de discrecionalidad en ciertas materias, eso significa que las posibilidades de injerencia del Juez constitucional son menores y, por ende, la intensidad de su control se ve limitada. En tales esferas, un control muy estricto llevaría al Juez Constitucional a sustituir la competencia legislativa del Congreso -o la extraordinaria que puede corresponder al Ejecutivo-, pues no es función del Poder Judicial Federal, sino de los órganos políticos, entrar a analizar si esas clasificaciones económicas son las mejores o si éstas resultan necesarias.

Amparo en revisión 1629/2004. Inmobiliaria Dos Carlos, S.A. de C.V., 24 de agosto de 2005. Cinco votos. Ponente: José Ramón Cossío Díaz. Secretario: Juan Carlos Roa Jacobo. Amparo en revisión 985/2005. Ernesto Mendoza Bolaños y otros. 7 de septiembre de 2005. Cinco votos. Ponente: José Ramón Cossío Díaz. Secretario: Juan Carlos Roa Jacobo. Amparo en revisión 283/2004. Empresas ICA, Sociedad Controladora, S.A. de C.V. y otras. 23 de noviembre de 2005. Cinco votos. Ponente: José Ramón Cossío Díaz. Secretario: Juan Carlos Roa Jacobo.

Amparo en revisión 459/2006. Mary Adriana Quezada Curiel. 10 de mayo de 2006. Cinco votos. Ponente: José Ramón Cossío Díaz. Secretario: Roberto Lara Chagoyán. Amparo en revisión 846/2006. Grupo TMM, S.A., 31 de mayo de 2006. Cinco votos. Ponente: José Ramón Cossío Díaz. Secretario: Juan Carlos Roa Jacobo.

Tesis de jurisprudencia 84/2006. Aprobada por la Primera Sala de este Alto Tribunal, en sesión de fecha veinticinco de octubre de dos mil seis.

Nota: La tesis 1a. CXXXIII/2004 citada, aparece publicada en el Semanario Judicial de la Federación. Novena Época. Primera Sala, Registro 173957. 1ª./J.

84/2006. Tomo XXIV, Noviembre de 2006, Pág. 29. -1- Semanario Judicial de la Federación y su Gaceta, Novena Época, Tomo XX, diciembre de 2004, página 361.

No obstante lo anterior, aun a través de un escrutinio constitucional de baja intensidad, es posible definir la inconstitucionalidad de la porción normativa reclamada.

La conclusión que antecede se corrobora con el contenido de las siguientes consideraciones.

➢ En principio, conviene abordar el argumento de la parte quejosa en que cuestiona la proporcionalidad de la medida instrumentada por el legislador, al aducir que no cumple con el juicio de razonabilidad, ya que la limitante reclamada como inconstitucional, no está justificada.

➢ Sobre el particular, debe previamente asentarse que, como se anunció, el principio de proporcionalidad o razonabilidad en la medida (diverso en temática y contenido a la multicitada garantía de proporcionalidad tributaria), debe analizarse desde el punto de vista de razonabilidad legislativa, con una intensidad tenue o moderada, pero sin renuncia por parte del juzgador constitucional, del ejercicio de su competencia de control.

Para abordar el anunciado estudio, es necesario dilucidar si la medida adoptada por el Poder Legislativo - consistente en sujetar la deducción de los pagos que a su vez sean ingresos exentos para los trabajadores-, en relación con la finalidad buscada a través de la reforma a la Ley del Impuesto Sobre la Renta para dos mil catorce, conlleva o no, afectación a otros derechos, analizando si dicho tratamiento obedece a una finalidad legítima debidamente instrumentada por el autor de la norma o una vulneración injustificada de los derechos de los gobernados.

A efecto de esclarecer las finalidades de la norma reclamada, la exposición de motivos enviada por el Poder Ejecutivo Federal al Presidente de la Mesa Directiva de la Cámara de Diputados del Congreso de la Unión, se aprecia –en lo que interesa- lo siguiente:

> Presidente de la Mesa Directiva de la Cámara de Diputados del Honorable Congreso de la Unión. Presente. Con fundamento en lo dispuesto por el artículo 71, fracción I, de la Constitución Política de los Estados Unidos Mexicanos, me permito someter por su digno conducto ante esa Honorable Asamblea, la presente

Iniciativa de Decreto por el que se expide la Ley del Impuesto Sobre la Renta.

A continuación se expresan los motivos que sustentan esta Iniciativa.

Como lo han hecho otras administraciones anteriores, es importante admitir que la estructura del sistema fiscal en México resulta, en algunos casos, compleja y onerosa. Esta complejidad provoca que los contribuyentes destinen mayores recursos humanos y financieros al cumplimiento de sus obligaciones fiscales en comparación con otros sistemas tributarios.

Desde el ámbito de la autoridad fiscal, dicha situación también dificulta el ejercicio de sus atribuciones, entre ellas, la de verificar el correcto cumplimiento de las obligaciones fiscales de los contribuyentes.

La complejidad en el pago de impuestos resulta particularmente perjudicial para las pequeñas y medianas empresas, que tienen menos recursos humanos y monetarios que destinar a este tipo de tareas.

Con el propósito de simplificar el sistema fiscal, en los últimos años se han implementado diversas medidas, entre las que destacan: i) la presentación vía Internet de declaraciones y pago de contribuciones, así como de algunos avisos y declaraciones informativas; ii) la transferencia electrónica de fondos a favor de la Tesorería de la Federación como medio de pago de dichas contribuciones, y iii) el proceso de simplificación de los requisitos que deben contener los comprobantes fiscales.

En este sentido, y reconociendo que uno de los principios que debe prevalecer en todo diseño impositivo es la simplicidad y el menor costo administrativo relacionado con el pago de los impuestos, es conveniente continuar avanzando con el propósito de mejorar los instrumentos tributarios. La nueva Ley del ISR que se somete a consideración elimina un número considerable de artículos que actualmente integran el sistema renta, lo cual representa una reducción del 40% en relación con el número de disposiciones actuales, considerando también la eliminación del impuesto empresarial a tasa única (IETU) y el impuesto a los depósitos en efectivo (IDE).

Por otra parte, las necesidades de gasto del país sobrepasan los recursos tributarios que se recaudan. En efecto, actualmente los ingresos tributarios en México representan aproximadamente el 16% del Producto Interno Bruto (PIB), mientras que los países de América Latina y los que son miembros de la Organización para la Cooperación y el Desarrollo Económicos (OCDE) cuentan con ingresos tributarios promedio del 19% y 25%, en relación con su PIB, respectivamente. En el caso de México, si se excluyen los ingresos petroleros, la recaudación representaría sólo el 10% del PIB, ubicando a nuestro país en los últimos lugares entre los países miembros de la OCDE, e incluso por debajo de países de América Latina con similar nivel de desarrollo.

Esta situación limita la capacidad del Estado para atender las necesidades más urgentes de la población Así, mientras que en México el gasto público total representa 19.5% del PIB, el promedio para los países de América Latina y de la OCDE es de 27.1% y 46.5% del PIB, respectivamente. Lo anterior se traduce en que los recursos que podrían destinarse a programas públicos en áreas prioritarias como educación, salud, inversión en infraestructura, investigación y desarrollo, seguridad social y seguridad pública, no sean suficientes. A su vez, ello impacta negativamente en el bienestar de la población y la capacidad de crecimiento de largo plazo de la economía.

Con objeto de aumentar la capacidad del Estado mexicano es indispensable fortalecer los ingresos del sector público. En este contexto, el Plan Nacional de Desarrollo 2013–2018 establece como líneas de acción hacer más equitativa la estructura impositiva para mejorar la distribución de la carga fiscal, así como adecuar el marco legal en materia fiscal de manera eficiente y equitativa para que sirva como palanca del desarrollo. Asimismo, es conveniente simplificar las disposiciones fiscales para mejorar el cumplimiento voluntario de las obligaciones fiscales y facilitar la incorporación de un mayor número de contribuyentes al padrón fiscal, lo cual es acorde con la estrategia de modernización, a la vez que propiciará una mayor cercanía del gobierno con la población.

En consistencia con lo anterior, en la presente Iniciativa se plantean una serie de propuestas cuyos objetivos primordiales son fortalecer los ingresos públicos y, como se ha mencionado anteriormente, simplificar el sistema tributario.

La arquitectura vigente de los impuestos directos descansa en el "sistema renta", conformado por tres diferentes gravámenes: ISR, IETU e IDE. La interacción de los componentes del sistema renta representa un alto grado de complejidad tanto para el contribuyente como para la autoridad fiscal, que se traduce en un elevado costo de cumplimiento y de control. Así, para avanzar hacia la meta de la simplificación fiscal, se propone a consideración de esa Soberanía la eliminación tanto del IETU como del IDE, de manera que sólo permanezca como impuesto al ingreso, el ISR.

Adicionalmente, se propone realizar una serie de modificaciones al ISR, las cuales además de simplificar su diseño y estructura, contribuirán a recuperar su potencial recaudatorio a través de la ampliación de su base. Por un lado, se propone eliminar las disposiciones que prevén tratamientos preferenciales, los cuales, además de generar inequidad, hacen compleja la aplicación, cumplimiento y control del impuesto para el contribuyente y la autoridad fiscal y, por otra parte, se plantean modificaciones tendientes a ampliar el potencial recaudatorio de este impuesto.

Es importante señalar que ante la eliminación del IETU y del IDE, los cuales actúan como impuestos mínimos y de control del ISR, es necesario modificar la estructura de este último impuesto, a fin de que no se debilite su recaudación; por ello, se propone recuperar en su diseño el principio de simetría fiscal y establecer la aplicación de un esquema general. Con lo anterior, se alcanzará un sistema de impuestos directos más simple, con mayor potencial recaudatorio y progresividad.

La estructura del ISR vigente contiene diversos regímenes preferenciales y tratamientos de excepción que generan distorsiones, restan neutralidad, equidad y simplicidad, y generan espacios para la evasión y elusión fiscales derivando en una importante pérdida de recursos fiscales.

Además, los tratamientos preferenciales hacen complejo su control, lo cual se traduce en mayores costos de administración y fiscalización para la autoridad. Los regímenes especiales provocan opacidad respecto de los beneficiarios de las disposiciones fiscales, dando lugar a que en muchas ocasiones sean aprovechados por personas diferentes de la población objetivo.

En materia de seguridad jurídica, también se presentan en esta Iniciativa un conjunto de medidas en beneficio de los contribuyentes respecto de la aplicación y alcance de las distintas obligaciones contenidas en las disposiciones fiscales y para robustecer los mecanismos de control del cumplimiento de las obligaciones fiscales.

Es oportuno recordar que la intersección entre la potestad tributaria del Estado y el entramado de derechos y libertades fundamentales del contribuyente origina la determinación de un parámetro que representa el mínimo de subsistencia digna y autónoma protegido constitucionalmente a efecto de atender las necesidades humanas más elementales.

De acuerdo a criterios emitidos históricamente por el Poder Judicial de la Federación, el mínimo vital o mínimo existencial, emana de los principios de la dignidad humana y la solidaridad, en concordancia con los derechos esenciales a la vida, a la integridad personal y a la igualdad, en la modalidad de decisiones de protección especial a personas en situación de necesidad manifiesta.

Asimismo, por mandato constitucional el legislador debe respetar los principios constitucionales de generalidad, legalidad, equidad y proporcionalidad que rigen el sistema tributario mexicano y, sin perjuicio de ello, el mínimo vital impone un límite a la potestad impositiva del Estado a fin de que no puedan afectarse los recursos materiales necesarios de las personas para llevar una vida digna.

La nueva Ley del ISR reconoce que el mínimo vital, como proyección del principio de proporcionalidad tributaria, es una garantía de las personas, por virtud de la cual, al momento de diseñar el objeto del impuesto e identificar la capacidad idónea para contribuir, se debe respetar un umbral correspondiente a los recursos necesarios para la subsistencia de las personas.

El respeto al mínimo existencial y al principio de proporcionalidad tributaria, se ven reflejados en la nueva Ley del ISR que se propone, a través de diversos mecanismos fiscales, deducciones y exenciones, cuya lógica es la conservación de las condiciones básicas y las prestaciones sociales necesarias que permitan a las personas llevar una existencia digna.

El conjunto de medidas contenidas en la Iniciativa que se somete a la consideración de esa Soberanía sin duda representa un importante paso para que el ISR tenga un mayor potencial para generar recursos permanentes que permitan al Estado, por la vía del gasto, redistribuir y atender las necesidades de toda la población y, en particular, de los grupos más vulnerables, y lograr un desarrollo social más justo e incluyente.

(…)

Prohibición de deducciones

La operación normal de un sistema de ISR, es que un pago efectuado sea deducible para el contribuyente que lo realiza y acumulable para el contribuyente que lo recibe. En general, esta simetría provoca que un contribuyente vea disminuida su base imponible en la misma medida en que el otro la ve incrementada.

Sin embargo, existen operaciones entre partes relacionadas en las que un contribuyente deduce un pago, mientras que su contraparte no lo acumula o el mismo está sujeto a una tributación mínima o incluso es deducido también por otra parte relacionada. Para evitar éstas y otras prácticas elusivas, la OCDE ha desarrollado un proyecto para combatir la "Erosión de la Base y Desplazamiento de Utilidades" (BEPS por sus siglas en inglés).

Este proyecto surge con el objetivo de evitar que empresas multinacionales desplacen artificialmente utilidades, lo cual da como resultado que paguen cantidades muy bajas de impuesto o incluso que se genere una doble no imposición (en su país de residencia y en el país que obtienen el ingreso).

Esto perjudica la imparcialidad e integridad del sistema fiscal.

En el plan de acción de este proyecto se recomendó, entre otras cosas, que los países desarrollen disposiciones para neutralizar los efectos de instrumentos y entidades híbridas bajo los cuales se aprovecha la diferente caracterización que existen en el derecho interno y en el derecho extranjero de un ingreso o entidad para tomar una ventaja fiscal que el legislador no tuvo la intención de otorgar.

Específicamente se menciona la incorporación de disposiciones que nieguen la deducción de pagos que no sean acumulables para el receptor, así como negar la deducción de pagos que también sean deducidos por sus partes relacionadas.

Siguiendo estas recomendaciones y con el fin de eliminar la posibilidad de llevar a cabo actividades de elusión fiscal, se propone prohibir la deducción de pagos efectuados a partes relacionadas residentes en México o en el extranjero que no se encuentren gravados o lo estén con un impuesto inferior al 75% del ISR causado en México de conformidad con la nueva Ley del ISR.

Asimismo, se propone prohibir la deducción de pagos que también sean deducibles para partes relacionadas residentes en México o en el extranjero.

Límite de 4% a las deducciones por donativos a la Federación, entidades federativas, municipios y sus organismos descentralizados. Con el objeto de promover la donación a las instituciones de beneficencia, asociaciones y sociedades civiles sin fines de lucro que operan en México, que a la entrada en vigor de la nueva Ley del ISR conserven u obtengan autorización para ser donatarias autorizadas, el Ejecutivo Federal a mi cargo propone establecer un tope máximo a la deducción por los donativos que los contribuyentes efectúen a favor de la Federación, las entidades federativas, los municipios, o sus organismos descentralizados, fijado en el 4% del total de utilidad fiscal obtenida o de sus ingresos acumulables en el ejercicio inmediato anterior.

De esta manera, aun cuando el límite total deducible por concepto de donativos se establece en el 7% de la utilidad fiscal o de los ingresos acumulables del contribuyente en el ejercicio, el tope fijado en el 4% será un incentivo para que los donantes diversifiquen la entrega de sus recursos hasta el límite total deducible, entre un mayor número de beneficiarios, sin que sean la Federación, las entidades federativas, los municipios, o sus organismos descentralizados quienes acaparen mayores donativos en detrimento de las donatarias autorizadas cuya única fuente de ingresos la constituyen los donativos que reciben, los cuales les permiten desempeñar actividades filantrópicas en beneficio de las personas, grupos y sectores más vulnerables de la sociedad mexicana

(…)

Simetría fiscal.

Entre los elementos que se deben considerar para mejorar la arquitectura del ISR se encuentra el restablecimiento del principio de simetría fiscal. De acuerdo con la Suprema Corte de Justicia de la Nación, la simetría fiscal es un principio de política tributaria que establece un parámetro de vinculación entre los contribuyentes y de equilibrio entre ingresos y gastos, de manera que si a una persona física o moral le corresponde el reconocimiento de un ingreso que será gravado, a su contraparte que realiza el pago -que genera ese ingreso-, debe corresponderle una deducción. Así, se cumple con este principio cuando a cada deducción que aplique el contribuyente que realiza el gasto, le corresponda la acumulación equivalente de ingreso por parte de quien recibe el pago. El principio se vulnera cuando se permite a un contribuyente deducir sus gastos y se exenta a quien recibe el ingreso.

La simetría fiscal protege los intereses tanto del erario público como de los contribuyentes, toda vez que en la medida en que no existan desviaciones de la misma, se evita la introducción de distorsiones adicionales al marco tributario que busquen recuperar las pérdidas recaudatorias existentes que ocasiona, por ejemplo, la exención de un concepto de ingreso. Conforme a lo anterior, se plantean diversas propuestas para restablecer este principio en la estructura del ISR.

Deducción de ingresos remunerativos otorgados a los trabajadores y que están total o parcialmente exentos del ISR.

Actualmente, la Ley del ISR permite que el empleador efectúe la deducción de los diversos conceptos remunerativos que les entrega a sus empleados, independientemente de que éstos se encuentren gravados a nivel del trabajador. Este tratamiento fiscal es asimétrico.

Los efectos de las asimetrías en el ISR resultarían particularmente perjudiciales para la recaudación, ante la propuesta de desaparición de los impuestos mínimos y de control que se presenta. Por ello, ante la ausencia de un impuesto mínimo y de control del ISR y con el fin de restablecer la simetría fiscal, se propone acotar la deducción de las erogaciones por remuneraciones que a su vez sean ingreso para el trabajador considerados total o parcialmente exentos por la Ley del ISR.

En consecuencia, sólo procederá la deducción de hasta el 41% de las remuneraciones exentas otorgadas al trabajador.

Este porcentaje guarda relación entre la tasa del IETU que se deroga y la tasa del ISR empresarial. Con esta medida se recupera la base gravable del ISR y además se reduce la asimetría fiscal.

Algunos de los conceptos de gasto-ingreso que estarían sujetos a este límite son la previsión social, cajas y fondos de ahorro, pagos por separación, gratificación anual, horas extras, prima vacacional y dominical, participación de los trabajadores en las utilidades (PTU) de las empresas, entre otros.

Cuotas de seguridad social del trabajador pagadas por los patrones.

La Ley del ISR vigente permite la deducción de las cuotas pagadas por los patrones al Instituto Mexicano del Seguro Social (IMSS), incluso cuando éstas sean a cargo de los trabajadores. Asimismo, para efectos del trabajador, se establece que dicho beneficio es un ingreso exento. Este tratamiento representa un doble beneficio, al no estar gravado como ingreso y ser deducible, lo que rompe el principio de simetría fiscal, y erosiona la base del ISR.

Con el propósito de restablecer la simetría fiscal en el ISR, se propone considerar como no deducibles las cuotas de seguridad social del trabajador pagadas por el patrón. Con ello, se elimina también la inequidad entre empresas respecto a la determinación de la deducción de los pagos de salarios y demás prestaciones que con motivo de la relación laboral se otorgan a sus trabajadores, así como de las aportaciones establecidas en las leyes de seguridad social correspondientes.

De la exposición de motivos del titular del Poder Ejecutivo Federal, se desprenden los siguientes puntos a resaltar:

Con el propósito de simplificar el sistema fiscal, en los últimos años se han implementado diversas medidas, entre las que destacan:

- ➢ La presentación vía Internet de declaraciones y pago de contribuciones, así como de algunos avisos y declaraciones informativas.

➢ La transferencia electrónica de fondos a favor de la Tesorería de la Federación como medio de pago de dichas contribuciones.

➢ El proceso de simplificación de los requisitos que deben contener los comprobantes fiscales.

Que uno de los principios que debe prevalecer en todo diseño impositivo es la simplicidad y el menor costo administrativo relacionado con el pago de los impuestos, es conveniente continuar avanzando con el propósito de mejorar los instrumentos tributarios.

La nueva Ley del Impuesto Sobre la Renta elimina un número considerable de artículos que actualmente integran el sistema renta, lo cual representa una reducción del 40% en relación con el número de disposiciones actuales, considerando también la eliminación del impuesto empresarial a tasa única (IETU) y el impuesto a los depósitos en efectivo (IDE).

Las necesidades de gasto del país sobrepasan los recursos tributarios que se recaudan. Actualmente los ingresos tributarios en México representan aproximadamente el 16% del Producto Interno Bruto (PIB), mientras que los países de América Latina y los que son miembros de la Organización para la Cooperación y el

Desarrollo Económicos (OCDE) cuentan con ingresos tributarios promedio del 19% y 25%, en relación con su PIB, respectivamente.

En el caso de México, si se excluyen los ingresos petroleros, la recaudación representaría sólo el 10% del PIB, ubicando a nuestro país en los últimos lugares entre los países miembros de la OCDE, e incluso por debajo de países de América Latina con similar nivel de desarrollo.

Esta situación limita la capacidad del Estado para atender las necesidades más urgentes de la población. Así, mientras que en México el gasto público total representa 19.5% del PIB, el promedio para los países de América Latina y de la OCDE es de 27.1% y 46.5% del PIB, respectivamente.

Lo anterior se traduce en que los recursos que podrían destinarse a programas públicos en áreas prioritarias como educación, salud, inversión en infraestructura, investigación y desarrollo, seguridad social y seguridad pública, no sean suficientes.

A su vez, ello impacta negativamente en el bienestar de la población y la capacidad de crecimiento de largo plazo de la economía.

Con objeto de aumentar la capacidad del Estado mexicano, es indispensable fortalecer los ingresos del sector público. En este contexto, el Plan Nacional de Desarrollo 2013 – 2018 establece como líneas de acción hacer más equitativa la estructura impositiva para mejorar la distribución de la carga fiscal, así como adecuar el marco legal en materia fiscal de manera eficiente y equitativa para que sirva como palanca del desarrollo.

Asimismo, es conveniente simplificar las disposiciones fiscales para mejorar el cumplimiento voluntario de las obligaciones fiscales y facilitar la incorporación de un mayor número de contribuyentes al padrón fiscal, lo cual es acorde con la estrategia de modernización, a la vez que propiciará una mayor cercanía del gobierno con la población.

La arquitectura vigente de los impuestos directos descansa en el —sistema renta conformado por tres diferentes gravámenes: ISR, IETU e IDE. La interacción de los componentes del sistema renta representa un alto grado de complejidad tanto para el contribuyente como para la autoridad fiscal, que se traduce en un elevado costo de cumplimiento y de control.

Así, para avanzar hacia la meta de la simplificación fiscal, se propone a consideración de esa Soberanía la eliminación tanto del IETU como del IDE, de manera que sólo permanezca como impuesto al ingreso, el ISR.

Se propone realizar una serie de modificaciones al Impuesto Sobre la Renta, las cuales además de simplificar su diseño y estructura, contribuirán a recuperar su potencial recaudatorio a través de la ampliación de su base. Por un lado, se propone eliminar las disposiciones que prevén tratamientos preferenciales, los cuales, además de generar inequidad, hacen compleja la aplicación, cumplimiento y control del impuesto para el contribuyente y la autoridad fiscal y, por otra parte, se plantean modificaciones tendientes a ampliar el potencial recaudatorio de este impuesto.

Ante la eliminación del IETU y del IDE, los cuales actúan como impuestos mínimos y de control del ISR, es necesario modificar la estructura de este último impuesto, a fin de que no se debilite su recaudación; por ello, se propone recuperar en su diseño el principio de simetría fiscal y establecer la aplicación de un esquema general.

Con lo anterior, se alcanzará un sistema de impuestos directos más simple, con mayor potencial recaudatorio y progresividad.

La estructura del ISR vigente contiene diversos regímenes preferenciales y tratamientos de excepción que generan distorsiones, restan neutralidad, equidad y simplicidad, y generan espacios para la evasión y elusión fiscales derivando en una importante pérdida de recursos fiscales.

Para mejorar la arquitectura del Impuesto Sobre la Renta se encuentra el restablecimiento del principio de simetría fiscal.

De acuerdo con la Suprema Corte de Justicia de la Nación, la *simetría fiscal* es un principio de política tributaria que establece un parámetro de vinculación entre los contribuyentes y de equilibrio entre ingresos y gastos, de manera que si a una persona física o moral le corresponde el reconocimiento de un ingreso que será gravado, a su contraparte que realiza el pago -que genera ese ingreso-, debe corresponderle una deducción.

Así, se cumple con este principio cuando a cada deducción que aplique el contribuyente que realiza el gasto, le corresponda la acumulación equivalente de ingreso por parte de quien recibe el pago.

El principio se vulnera cuando se permite a un contribuyente deducir sus gastos y se exenta a quien recibe el ingreso.

La simetría fiscal protege los intereses tanto del erario público como de los contribuyentes, toda vez que en la medida en que no existan desviaciones de la misma, se evita la introducción de distorsiones adicionales al marco tributario que busquen recuperar las pérdidas recaudatorias existentes que ocasiona, por ejemplo, la exención de un concepto de ingreso. Conforme a lo anterior, se plantean diversas propuestas para restablecer este principio en la estructura del ISR.

La Ley del Impuesto Sobre la Renta permite que el empleador efectúe la deducción de los diversos conceptos remunerativos que les entrega a todos y cada uno de sus empleados, independientemente de que éstos se encuentren gravados a nivel del trabajador, por lo tanto este tratamiento fiscal es asimétrico.

Los efectos de las asimetrías en el Impuesto Sobre la Renta resultarían particularmente perjudiciales para la recaudación, ante la propuesta de desaparición de los impuestos mínimos y de control que se presenta.

Por ello, ante la ausencia de un impuesto mínimo y de control del ISR y con el fin de restablecer la simetría fiscal, se propone acotar la deducción de las erogaciones por remuneraciones que a su vez sean ingresos para el trabajador considerados total o parcialmente exentos por la Ley del ISR.

Sólo procederá la deducción de hasta el 41% de las remuneraciones exentas otorgadas al trabajador.

Este porcentaje guarda relación entre la tasa del IETU que se deroga y la tasa del ISR empresarial. Con esta medida se recupera la base gravable del ISR y además se reduce la asimetría fiscal.

La Ley del Impuesto Sobre la Renta vigente permite la deducción de las cuotas pagadas por los patrones al Instituto Mexicano del Seguro Social (IMSS), incluso cuando éstas sean a cargo de los trabajadores.

Asimismo, para efectos del trabajador, se establece que dicho beneficio es un ingreso exento. Este tratamiento representa un doble beneficio, al no estar gravado como ingreso y ser deducible, lo que rompe el principio de simetría fiscal, y erosiona la base del ISR.

Con el propósito de restablecer la simetría fiscal en el Impuesto Sobre la Renta, se propone considerar como no deducibles las cuotas de seguridad social del trabajador pagadas por el patrón.

Con esta medida, se elimina también la inequidad entre empresas respecto a la determinación de la deducción de los pagos de salarios y demás prestaciones que con motivo de la relación laboral se otorgan a sus trabajadores, así como de las aportaciones establecidas en las leyes de seguridad social correspondientes.

Por su parte, la Comisión de Hacienda y Crédito Público de la Cámara de Diputados, al dictaminar la anterior iniciativa de ley del Ejecutivo Federal, determinó lo siguiente:

> DÉCIMA. Esta Comisión coincide con la propuesta del Ejecutivo Federal en el sentido de establecer que únicamente pueda aplicarse la deducción de hasta el 41% de las remuneraciones exentas otorgadas al trabajador. Este porcentaje guarda relación entre la tasa del IETU que se deroga y la tasa del ISR empresarial. Además, con esta medida se recupera la base gravable del ISR. Lo

anterior, considerando los efectos particularmente perjudiciales para la recaudación ante la propuesta de desaparición de los impuestos mínimos y de control que se presentan. Por lo que se estima adecuada la propuesta de acotar la deducción de las erogaciones por remuneraciones que a su vez sean ingreso para el trabajador considerados total o parcialmente exentos por la Ley del ISR.

(...)

Simetría fiscal.

La exposición de motivos de la Iniciativa que se somete a dictamen señala que los efectos de las asimetrías en el ISR resultarían particularmente perjudiciales para la recaudación, ante la desaparición de los impuestos mínimos y de control. Por ello, con el fin de restablecer la simetría fiscal, se propone acotar la deducción de las erogaciones por remuneraciones que a su vez sean ingreso para el trabajador y considerar como no deducibles las cuotas de seguridad social del trabajador pagadas por el patrón.

Deducción de ingresos remunerativos otorgados a los trabajadores y que están total o parcialmente exentos del ISR.

El Ejecutivo Federal contempla acotar la deducción para el patrón de las erogaciones remunerativas para el trabajador, que al ser ingresos considerados exentos total o parcialmente por la Ley del ISR, generan un gasto fiscal al erario al convertirse en un medio de elusión fiscal.

En consecuencia, en la Iniciativa sujeta a dictamen se propone que sólo proceda la deducción de hasta el 41% de las remuneraciones exentas otorgadas al trabajador.
Este porcentaje guarda relación entre la tasa del IETU que se deroga y la tasa del ISR empresarial. Con esta medida se recupera la base gravable del ISR.
Algunos de los conceptos de gasto-ingreso que estarían sujetos a este límite son la previsión social, cajas y fondos de ahorro, pagos por separación, gratificación anual, horas extras, prima vacacional y dominical, participación de los trabajadores en las utilidades (PTU) de las empresas, entre otros.
(…)
Finalmente, la exposición de motivos de las Comisiones Unidas de Hacienda y Crédito Público y de Estudios Legislativos, Segunda, de la Cámara de Senadores del Congreso de la Unión, en relación a la porción normativa reclamada, dice:
NOVENA. Estas Comisiones Unidas están de acuerdo en establecer que únicamente pueda aplicarse la deducción de hasta el 47% de las remuneraciones exentas otorgadas al trabajador. Este porcentaje guarda relación entre la

tasa del IETU que se deroga y la tasa del ISR empresarial; además, con esta medida se recupera la base gravable del ISR.

Del examen de las exposiciones de motivos transcritas, se sigue que la reforma de referencia tuvo, entre otros propósitos:

➢ Reducir la asimetría fiscal.

➢ Simplificación de la recaudación ante la eliminación del impuesto empresarial a tasa única (IETU).

➢ Recuperación de la base gravable del impuesto sobre la renta.

➢ Aumentar la recaudación.

➢ Facilitar el impuesto directo relativo al "sistema renta", y atenuar su costo de cumplimiento y control, de manera que sólo permanezca como impuesto al ingreso el Impuesto sobre la Renta. (Al abrogarse el IETU e IDE).

➢ Recuperar en su diseño el principio de simetría fiscal y establecer la aplicación de un esquema general, a fin de alcanzar un sistema de impuestos directos más simple, con mayor potencial recaudatorio y progresividad, así como establecer un parámetro de vinculación entre los contribuyentes, y de equilibrio entre ingresos y gastos.

➢ Que la deducción de ingresos remunerativos otorgados a los trabajadores y que están total o parcialmente exentos del Impuesto Sobre la Renta, al permitirse que el empleador efectúe la deducción de los diversos conceptos remunerativos que les entrega a sus empleados, independientemente de que éstos se encuentren gravados a nivel del trabajador, resulta un tratamiento fiscal asimétrico, ya que resulta particularmente perjudicial para la recaudación. Por ello, ante la ausencia de un impuesto mínimo y de control del Impuesto Sobre la Renta, y con el fin de restablecer la simetría fiscal, se propone acotar la deducción de las erogaciones por remuneraciones que a su vez sean ingreso para el trabajador considerados total o parcialmente exentos por la Ley del Impuesto Sobre la Renta; limitándose la deducción de hasta el 0.47, o en su caso el 0.53, según sea el caso de que se trate.

➢ Con el propósito de restablecer la simetría fiscal en el Impuesto Sobre la Renta, se propone considerar como no deducibles las cuotas de seguridad social del trabajador pagadas por el patrón. Con ello, se elimina también la inequidad entre empresas respecto a la determinación de la deducción de los pagos de salarios y demás prestaciones que con motivo de la relación laboral se otorgan a sus trabajadores, así como de las aportaciones establecidas en las leyes de seguridad social correspondientes.

De lo analizado con anterioridad, se tiene que son constitucionalmente válidos los objetivos primarios que se persiguen en la exposición de motivos y con el dictamen de la Comisión de Hacienda y Crédito Público de la Cámara de Diputados y de Estudios Legislativos, Segunda, de la Cámara de Senadores del Congreso de la Unión, antes transcritos, dada la importancia del deber de contribuir al sostenimiento del Estado, en el entendido de que la misma se encuentra indisolublemente ligada a un principio de responsabilidad social para la consecución de los fines a los que la propia Constitución aspira; además, de que el legislador en ejercicio de la potestad constitucional de imponer la colaboración de los gobernados con dichas finalidades, se encuentra autorizado para regular ciertas conductas, constriñendo la esfera jurídica de los derechos individuales.

Por lo que resulta legítimo que el legislador regule la manera como se debe cumplir una determinada obligación tributaria.

Lo anterior, considerando que es lógico que el propio sistema tributario prevea mecanismos que permitan hacer exigible a los particulares esa obligación constitucional, de cuyo cumplimiento depende la eficacia misma de las finalidades sociales encomendadas constitucionalmente al Estado.

Empero, la libertad con la que cuenta el legislador para el diseño de los impuestos, no es absoluta, sino que se encuentra limitada a respetar los principios constitucionales de generalidad, legalidad, equidad y proporcionalidad que rigen el sistema tributario mexicano.

Pues, en relación con las deducciones que deben ser reconocidas por el legislador en el diseño de la Ley el Impuesto Sobre la Renta –dentro del marco de su libre configuración legislativa–, la Suprema Corte de Justicia de la Nación ha resuelto que son aquellas que se encuentran relacionadas con la producción del ingreso, pues se trata de una exigencia del principio de proporcionalidad en materia tributaria.

Sirve de apoyo a lo anterior, la tesis 1a. XXVIII/2007, emitida por la Primera Sala de la Suprema Corte de Justicia de la Nación, Novena Época, publicada en el Semanario Judicial de la Federación y su Gaceta, tomo XXV, febrero de 2007, página 638, del rubro y texto siguientes:

DEDUCCIONES.
CRITERIO PARA SU INTERPRETACIÓN EN EL IMPUESTO SOBRE LA RENTA.
La regla general para la interpretación de las deducciones en el impuesto sobre la renta debe ser de orden restrictivo, en el sentido de que únicamente pueden realizarse las autorizadas por el legislador y conforme a

los requisitos o modalidades que éste determine; sin embargo, ello no implica que no pueda efectuarse un juicio constitucional sobre la decisión del legislador, pues existen ciertas erogaciones cuya deducción debe reconocerse, ya no por un principio de política fiscal, sino en atención a la garantía constitucional de proporcionalidad tributaria prevista en la fracción IV del artículo 31 de la Constitución Política de los Estados Unidos Mexicanos. Amparo en revisión 1662/2006. Grupo TMM, S.A. 15 de noviembre de 2006. Cinco votos. Ponente: José Ramón Cossío Díaz. Secretario: Juan Carlos Roa Jacobo.

De ahí que se estima que la medida utilizada por el órgano constituyente resulta *desproporcional*, toda vez que las finalidades perseguidas no se consiguen con el mecanismo establecido, pues la restricción a la deducción de un gasto necesario e indispensable, que en la especie está representado como aquellos pagos efectuados a los trabajadores por los patrones, máxime ser obligatorios.

No obstante que estos pagos, sean exentos para dichos empleados, impide que a dichas erogaciones se les reconozca el carácter de indispensables para la obtención de ingresos de los contribuyentes, así como para la prosecución de sus objetivos.

Por tanto, también resultan susceptibles de aumentar desproporcionalmente la base del Impuesto Sobre la Renta en perjuicio de los pagadores de impuestos.

Con lo anterior puede presuponerse una finalidad constitucionalmente válida que se contrapone de forma arbitraria al derecho de los gobernados tutelado por la Constitución, a la deducción de egresos de naturaleza estructural.

En conclusión, la medida legislativa respecto al tópico que nos ocupa, nos explica los principios constitucionales que rigen el sistema tributario.

La afirmación anterior obedece a que, al no justificar su creación; resulta mucho más que evidentemente su desproporcionalidad.

En efecto, en términos de lo sostenido por el Tribunal Pleno de la Suprema Corte de Justicia de la Nación, se determina, en relación con el principio de razonabilidad en la medida, que al dirimirse que sí existe una desproporcionalidad en la medida de creación legislativa del artículo 28, fracción XXX, de la Ley del Impuesto Sobre la Renta, vigente en dos mil catorce, desde su diseño normativo, pues si bien obedece a una finalidad legítima, debida y correctamente instrumentada por el órgano legislativo emisor, sin embargo aquella lo hace en menoscabo de derechos previamente tutelados a las personas pasivas de la relación tributaria por la Constitución.

¿Razonabilidad sin Razón?
Dr. Guillermo Robertson Andrade

"...la norma en cuestión, es inconstitucional, al no demostrarse la razonabilidad de la medida desde su origen legislativo..."

Conclusión

¿Razonabilidad sin Razón?
Dr. Guillermo Robertson Andrade

Conclusión

A manera de conclusión puedo presentar el siguiente argumento:

Ante tales condiciones, el juicio de razonabilidad aplicado en el análisis de la constitucionalidad de la fracción XXX del artículo 28, de la Ley del Impuesto Sobre la Renta, como ejercicio de ponderación entre las finalidades que persigue el sistema tributario a través de las normas que lo delimitan, por una parte, y los derechos de los causantes, por otra, demuestra que la norma en cuestión, es *inconstitucional*, al no demostrarse la *razonabilidad* de la medida desde su origen legislativo, al contraponerse una finalidad constitucionalmente válida en su creación, con un derecho preexistente de las personas contributivas.

Lo anterior se considera así, por las siguientes razones:

➢ El fin último, al obtener los recursos provenientes de deducciones derivadas del artículo 28, fracción XXX, de la Ley del Impuesto Sobre la Renta, consiste en la iniciativa presidencial y debates legislativos en una finalidad:

- Fortalecer la Seguridad Social a través de:

- Creación de la Pensión Universal y el Seguro de Desempleo.

- Sin embargo, este fin último, no es asequible bajo el argumento de la simplificación fiscal, la eliminación del impuesto de control del impuesto sobre la renta, a saber, el diverso empresarial a tasa única y el de depósitos en efectivo, puesto que si lo que se busca es recaudar más, para tan loable finalidad, la premisa de mayor recaudación, no se justifica con la eliminación de fuentes de mayores ingresos. Las premisas, esto es la simplificación administrativa, por un lado, y eliminación de impuestos generadores de tributos, por otro, no respaldan a conclusión una mayor recaudación.

- Tampoco se encuentra razonabilidad en la medida al querer justificar el fortalecimiento de la seguridad social en beneficio de aquellos que no cotizaron bajo ningún régimen de seguridad social como son ISSSTE, IMSS, ISSSFAM, sustrayendo recursos provenientes de deducciones estructurales de empresas patronas, que pagan conceptos de previsión social y cuotas de seguridad social, a favor de personas que sí cotizan, en el caso, en el Instituto Mexicano de Seguridad Social, como un tipo de solidaridad hacia quienes no cotizan en el sector formal del empleo, como una especie de subrogación de facultad que primigeniamente le concierne al Estado.

Más aún cuando la iniciativa de Decreto de Ley del Seguro de Desempleo y Pensión Universal, aún no ha sido aprobada por el Ejecutivo Federal y aunque el Presupuesto de Egresos dos mil catorce, establece lo siguiente:

"El Programa Pensión para Adultos Mayores continuará operando en tanto se implemente la Pensión Universal en términos de las disposiciones legales aplicables.
Dicho programa dispondrá de recursos por $42,225'520,621, con los cuales deberá atender a adultos

mayores de 65 años en los términos que señalen sus reglas de operación. Los recursos del Programa no podrán ser traspasados a otros programas, se ejercerán hasta agotar su disponibilidad y deberán ser traspasados en su totalidad a la Pensión Universal una vez que ésta se encuentre en operación."

De lo anterior puede afirmarse lo siguiente:

➢ De lo que se sigue, que aún no se encuentra en operación.

➢ Hasta el momento, ningún destino se colige y mucho menos beneficia de los recursos provenientes del denominado y supuesto "seguro de desempleo".

Ante lo visto, es preciso señalar lo siguiente:

I. Robustece este aserto, que en la Iniciativa de la Ley de Pensión Universal y Seguro de

Desempleo, en el rubro de financiamiento, respecto de este "seguro", se señala lo siguiente:

*"Financiamiento:
El financiamiento de esta prestación y los gastos administrativos se realizarán mediante recursos obtenidos de la aportación obligatoria a cargo del patrón, según se establezca en la Ley del Seguro Social o en la Ley del Instituto de Seguridad y Servicios Sociales de los Trabajadores del Estado, equivalente al 3% sobre el salario del trabajador y los rendimientos que genere, así como del subsidio que pague el Gobierno Federal, con cargo al Presupuesto de Egresos de la Federación, de la siguiente manera:

1. De la cuota aportada por los patrones equivalente al 3% del salario del trabajador, el 2% se depositará en la subcuenta mixta;
2. El restante 1% se acumulará en el Fondo Solidario, y
3. En caso de que los recursos referidos no sean suficientes para el pago de la

prestación, el Gobierno Federal, con cargo al Presupuesto de Egresos de la Federación, cubrirá los demás pagos en la cantidad y periodicidad que se establezca al efecto. recibirse por una vez de un periodo de cinco años."

II. De lo anterior, no puede concluirse que el financiamiento, provenga de los recursos obtenidos por el artículo 28, fracción XXX, de la Ley del Impuesto Sobre la Renta, sino de aportaciones patronales y solo en caso de que los recursos no sean suficientes de un subsidio del gobierno federal, del que no se menciona su origen.

Por lo anterior, no se considera que exista razonabilidad en la medida, pues no obstante que la finalidad sea constitucionalmente válida, los medios son cuestionables, se contraponen con derechos preexistentes de los gobernados contribuyentes, le obligan a tributar de manera doble, no justifican el destino de recursos con el financiamiento del seguro, de lo que se sigue, que los argumentos de los creadores de la norma se sustentan en premisas flébiles de las que en la lógica más simple, no se sigue la conclusión.

Finalmente, no pasa inadvertido para el suscrito, lo que se aduce en la exposición de motivos referente a que el numeral que se tilda de inconstitucional, tiene como finalidad el lograr un tratamiento fiscal simétrico, ya que al acotar la deducción de las erogaciones por remuneraciones que a su vez sean ingreso para el trabajador considerados total o parcialmente exentos, rompe dicho principio de simetría fiscal, y por ende erosiona la base del Impuesto Sobre la Renta.

Al respecto de lo previsto, es válido tener en cuenta lo sostenido por el Tribunal Pleno de la Suprema Corte de Justicia de la Nación, al resolver el Amparo en Revisión 1134/2009, en el que –en la parte que interesa- sostuvo lo siguiente:

"...En otro aspecto, la calificación de inoperancia deriva también de que, aun acotando su argumento a los supuestos en los que efectivamente parecería materializarse una falta de simetría fiscal, no debe pasarse por alto que la doctrina jurisprudencial de este Alto Tribunal no ha reconocido ni reconoce a la asimetría fiscal, como una condición que traiga consigo la violación a la garantía de legalidad tributaria.

Como se ha señalado, la simetría fiscal es un principio de política tributaria que establece un parámetro de vinculación entre los contribuyentes al nivel de los ingresos y las deducciones, marcando la interacción que existe entre unos y otros, de tal suerte que los conceptos que para una parte deben considerarse como ingresos, para la otra deberían dar lugar a una deducción.

Sin embargo, la simetría fiscal, útil como es para conocer mejor la mecánica o el funcionamiento de algunos tributos, no es una garantía constitucional, ni su ausencia tiene como consecuencia necesaria y automática la violación a alguna de las garantías consagradas en el artículo 31, fracción IV, de la Ley Fundamental; es más, podría decirse que la asimetría fiscal no necesariamente aporta elementos, en un sentido o en otro, para pronunciarse sobre la constitucionalidad o inconstitucionalidad de un precepto legal.

De esta forma, si la falta de simetría fiscal provocara efectos coincidentes a los que provoca la violación a alguna de las garantías constitucionales de la materia tributaria, es claro que la inconstitucionalidad del precepto que se trate deriva de esta última circunstancia, y no de los juicios que se puedan hacer en torno a la asimetría, pues no debe pasarse por alto que se trata de un mero enunciado de política fiscal.

En concreto, en relación con la doctrina jurisprudencial de esta Corte en torno a la garantía de legalidad en materia tributaria, es el caso que ninguno de sus postulados ni alguna consideración que novedosamente pudiera surgir en el análisis del presente asunto, lleva a sostener que la falta de simetría fiscal en el aspecto reclamado por la quejosa — aun dimensionada con mayor claridad, como se ha hecho en el presente considerando— tenga como consecuencia la inconstitucionalidad de dichos preceptos.

En tal virtud, dado que no se aprecia que el reclamo de la quejosa, aduciendo a un caso de asimetría fiscal, tenga méritos para ser revisado desde la óptica de la garantía constitucional de legalidad tributaria, debe concluirse que dichos reclamos devienen inoperantes."

También, cabe resaltar que la Suprema Corte de Justicia de la Nación, ha considerado que la simetría fiscal se refiere al equilibrio que debe existir entre ingresos y gastos, y se traduce en que si a una persona física o moral le corresponde el reconocimiento de un ingreso, a la persona física o moral que realiza el pago que genera el reconocimiento del ingreso, le debe corresponder una deducción.

Además ha señalado, que la simetría fiscal es un principio de política tributaria que establece un parámetro de vinculación entre los contribuyentes al nivel de los ingresos y las deducciones, marcando la interacción que existe entre unos y otros, de tal suerte que los conceptos que para una parte deben considerarse como ingresos, para la otra deberían dar lugar a una deducción.

Empero, el máximo tribunal determinó que la simetría fiscal, útil como es para conocer mejor la mecánica o el funcionamiento de algunos tributos, no es una garantía constitucional, ni su ausencia tiene como consecuencia necesaria y automática la violación a alguna de las garantías consagradas en el artículo 31, fracción IV, de la Ley Fundamental; y que podría decirse que la asimetría fiscal no necesariamente aporta elementos, en un sentido o en otro para pronunciarse sobre la constitucionalidad o inconstitucionalidad de un precepto legal.

Así, el tribunal constitucional sostuvo que si la falta de simetría fiscal provocara efectos coincidentes a los que produce la violación a alguna de las garantías constitucionales de la materia tributaria, es claro que la inconstitucionalidad del precepto que se trate deriva de esta última circunstancia, y no de los juicios que se puedan hacer en torno a la asimetría, pues no debe pasarse por alto que se trata de un mero enunciado de política fiscal.

Es aplicable a estas consideraciones, la tesis P. LXXVII/2010, emitida por el Pleno de la Suprema Corte de Justicia de la Nación, publicada a página 67, Tomo XXIV, enero de 2011, Novena Época, materia constitucional, en el Semanario Judicial de la Federación y su Gaceta, que en su rubro y texto dice:

SIMETRÍA FISCAL.
NO ES UNA GARANTÍA CONSTITUCIONAL Y SU AUSENCIA NO PROVOCA NECESARIA Y AUTOMÁTICAMENTE UNA TRANSGRESIÓN AL ARTÍCULO 31, FRACCIÓN IV, DE LA CONSTITUCIÓN POLÍTICA DE LOS ESTADOS UNIDOS MEXICANOS.
La simetría fiscal es un principio de política tributaria que establece un parámetro de vinculación entre los contribuyentes y de equilibrio entre ingresos y gastos, de manera que si a una persona física o moral le corresponde el reconocimiento de un ingreso que será

gravado, a su contraparte que realiza el pago -que genera ese ingreso-, debe corresponderle una deducción. Sin embargo, útil como es para conocer mejor la mecánica o el funcionamiento de algunos tributos y como parámetro de interpretación de la ley, la simetría fiscal no es una garantía constitucional, ni su ausencia tiene como consecuencia necesaria y automática la violación a alguno de los principios previstos en el artículo 31, fracción IV, de la Constitución Política de los Estados Unidos Mexicanos. Incluso, la asimetría fiscal no necesariamente aporta elementos para pronunciarse sobre la regularidad constitucional de una norma y, en caso de que provocara efectos coincidentes a los de una violación de garantías en materia tributaria, la inconstitucionalidad del precepto de que se trate derivará de esta última circunstancia y no de los juicios que puedan hacerse en torno a la asimetría, pues no debe pasar por alto que se trata de un mero enunciado de política fiscal.

Amparo en revisión 1134/2009. CSI Leasing México, S. de R.L. de C.V. y otras. 27 de abril de 2010. Unanimidad de diez votos. Ausente: Margarita Beatriz Luna Ramos. Ponente: José Ramón Cossío Díaz. Secretarios: María Estela Ferrer Mac Gregor Poisot, Ricardo Manuel Martínez Estrada, Fanuel Martínez

López, Jorge Luis Revilla de la Torre y Juan Carlos Roa Jacobo.
Amparo en revisión 1006/2009. Tyco Electronics Tecnologías, S.A. de C.V. 29 de abril de 2010. Unanimidad de nueve votos. Ausentes: Margarita Beatriz Luna Ramos y Guillermo I. Ortiz Mayagoitia. Ponente: Juan N. Silva Meza. Secretarios: María Estela Ferrer Mac Gregor Poisot, Ricardo Manuel Martínez Estrada, Fanuel Martínez López, Jorge Luis Revilla de la Torre y Juan Carlos Roa Jacobo.
Amparo en revisión 1346/2009. Aluprint, S.A. de C.V. 29 de abril de 2010. Unanimidad de nueve votos. Ausentes: Margarita Beatriz Luna Ramos y Guillermo I. Ortiz Mayagoitia. Ponente: Olga Sánchez Cordero de García Villegas. Secretarios: María Estela Ferrer Mac Gregor Poisot, Ricardo Manuel Martínez Estrada, Fanuel Martínez López, Jorge Luis Revilla de la Torre y Juan Carlos Roa Jacobo.
Amparo en revisión 441/2009. Grupo McGraw-Hill S.A. de C.V. y otra. 29 de abril de 2010. Unanimidad de nueve votos. Ausentes: Margarita Beatriz Luna Ramos y Guillermo I. Ortiz Mayagoitia. Ponente: Margarita Beatriz Luna Ramos; en su ausencia hizo suyo el asunto José Ramón Cossío Díaz. Secretarios: María Estela Ferrer Mac Gregor Poisot, Ricardo Manuel Martínez Estrada, Fanuel Martínez López,

Jorge Luis Revilla de la Torre y Juan Carlos Roa Jacobo.

El Tribunal Pleno, el treinta de noviembre en curso, aprobó, con el número LXXVII/2010, la tesis aislada que antecede. México, Distrito Federal, a treinta de noviembre de dos mil diez.

Tesis Aislada, P. LXXVII/2010, Semanario de la Suprema Corte de Justicia y su Gaceta, Novena Época, Pleno, Tomo XXXIII, enero 2011, pág. 67.

Bajo esas premisas, se considera que la finalidad consistente en reducir la asimetría fiscal, no es objetiva y constitucionalmente correcta o sustentable, porque como ya se detalló, sólo constituye un principio de política tributaria, que inclusive no aporta elementos para pronunciarse sobre la regularidad constitucional de una norma.

Esto, en razón que su naturaleza no encuentra sustento constitucional, pues es un mecanismo o un medio para conseguir un propósito que válidamente podría usar la autoridad, sin embargo, no es factible que se constituya como finalidad en sí misma de una norma tributaria, al tratarse de un mero enunciado de política fiscal.

De las consideraciones establecidas por nuestro máximo tribunal nos permite obtener las siguientes premisas:

➤ La simetría fiscal es un principio de política tributaria que establece un parámetro de vinculación entre los contribuyentes, los ingresos y las deducciones; marcando la interacción que existe entre unos y otros, de tal suerte que los conceptos que para una parte deben considerarse como ingresos, para la otra deberían dar lugar a una deducción.

➢ Que la doctrina jurisprudencial de ese Alto Tribunal no le ha reconocido a la asimetría fiscal, la condición que la misma traiga consigo una violación a la garantía tributaria.

➢ Que el concepto de simetría fiscal, resulta útil para conocer mejor la mecánica o el funcionamiento de algunos tributos.

➢ Que la simetría fiscal no es una garantía constitucional, ni su ausencia tiene como consecuencia necesaria y automática la violación a alguna de los derechos fundamentales consagrados en el artículo 31, fracción IV, de la Ley Fundamental; es decir, que la simetría o asimetría fiscal no necesariamente aporta elementos, en un sentido o en otro, para pronunciarse sobre la constitucionalidad o inconstitucionalidad de un precepto legal.

Resulta entonces, que la constitucionalidad o inconstitucionalidad del cardinal en escrutinio no se provoca de la simetría o asimetría fiscal, sino que dicha inconstitucionalidad deriva de la violación a alguno de los derechos constitucionales en materia tributaria, como en el caso fue al principio de proporcionalidad impositiva, y no de los juicios que se puedan hacer en torno a dicho enunciado de política fiscal en el procedimiento de creación de la norma; sin que sea válido considerar al concepto contable en comento, como suficiente para sostener la constitucionalidad del mismo.

Análisis a la fracción XXX del artículo 28 de la Ley del Impuesto Sobre la Renta para establecer su Razonabilidad o no Razonabilidad

"...el aumento del *conocimiento*, depende por completo de la existencia del desacuerdo..."

Sobre el Autor

¿Razonabilidad sin Razón?
Dr. Guillermo Robertson Andrade

Sobre el Autor

El conocimiento es la mejor inversión que se puede hacer y el atrevernos a adquirirlo, nos hace responsables.

El Dr. Guillermo Robertson Andrade es un impulsor constante de la capacitación empresarial en México, ya que la considera como un factor clave para el desarrollo y progreso de todo país.

Contador Público, Licenciado en Derecho, Maestro y Doctorando Institucional en Impuestos por el Centro Nacional de Estudios e Investigación Tributaria, A. C., bajo la tesis "La Nueva Defensa Fiscal a través de los Derechos Humanos de los Contribuyentes".

Expositor a nivel nacional, así como Líder reconocido en temas de Planeación y Defensa Fiscal.

Autor de la famosa "Tríada en Defensa Fiscal", que actualmente es distribuida a nivel nacional, siendo de gran utilidad como

instrumento de capacitación para especialistas y empresarios, la cual se compone de los siguientes títulos:
"Exégesis de la Ley Federal de los Derechos del Contribuyente".
"Defensa Fiscal vs Visitas Domiciliarias".
"Puntos Finos, Refinados y Afinados de la Defensa Fiscal".
Así como también de las dos exitosas antecesoras de esta obra:
¿Procede o No Procede?, y ¿Proporcionalidad sin Proporción?

Creador del único video taller 100% práctico online en materia de Defensa Fiscal en contra de Visitas Domiciliarias.

Asesor de diversas empresas a Nivel Internacional (México y Estados Unidos).

Columnista en diversas revistas impresas y electrónicas como lo son: "Vanguardia Fiscal", "Información Fiscal Oportuna", por mencionar algunas.

Experiencia en Litigio y Planeación Fiscal por más de 15 años.

Socio fundador y Presidente del Corporativo Fiscal y Administrativo Robertson, Saracho, Del Peral y Asociados.

Ex-asesor en el H. Congreso del estado de Baja California.

Algunos de sus trabajos se encuentran en la Biblioteca General de la Suprema Corte de Justicia de la Nación así como en el H. Congreso de la Unión.

¿Razonabilidad sin Razón?
Dr. Guillermo Robertson Andrade

Bibliografía

¿Razonabilidad sin Razón?
Dr. Guillermo Robertson Andrade

Bibliografía

1. Constitución Política de los Estados Unidos Mexicanos

2. Ley del Impuesto Sobre la Renta.

3. Ley de Amparo.

4. Código Fiscal de la Federación.

5. Ley Federal del Trabajo.

6. Revista del H. Tribunal Federal de Justicia Fiscal y Administrativa.

7. Jurisprudencias de la Suprema Corte de Justicia de la Nación.

8. Página de internet de la Suprema Corte de Justicia de la Nación.

¿Razonabilidad sin Razón?
Dr. Guillermo Robertson Andrade

Análisis a la fracción XXX del artículo 28 de la Ley del Impuesto Sobre la Renta para establecer su Razonabilidad o no Razonabilidad

Contenido

¿Razonabilidad sin Razón?
Dr. Guillermo Robertson Andrade

Análisis a la fracción XXX del artículo 28 de la Ley del Impuesto Sobre la Renta
para establecer su Razonabilidad o no Razonabilidad

Contenido

Dedicatoria	7
Prólogo	11
Introducción	19
Juicio de Razonabilidad	23
Conclusión	85
Sobre el Autor	109
Bibliografía	115
Contenido	119

¿Razonabilidad sin Razón?
Dr. Guillermo Robertson Andrade

Análisis a la fracción XXX del artículo 28 de la Ley del Impuesto Sobre la Renta para establecer su Razonabilidad o no Razonabilidad

"Demos tiempo al tiempo: para que el vaso rebose hay que llenarlo primero..."

Antonio Machado

¿Razonabilidad sin Razón?
Dr. Guillermo Robertson Andrade

¿Razonabilidad sin Razón?
Análisis a la fracción XXX del artículo 28 de la Ley del Impuesto Sobre la Renta para establecer su Razonabilidad o no Razonabilidad.
Es una obra protegida por los derechos de autor. Todos los derechos de texto reservados por Marcos Guillermo Robertson Andrade. Todos los derechos de diseño y edición reservados por Wendy R. Saracho Narcio, editor y coordinadora general. Todos los derechos para esta primera edición reservados por RS Ediciones. La presente obra se terminó de editar el día 23 de Junio del 2015 en las instalaciones de RS Ediciones, Moctezuma No.718-4 Zona Centro, Ensenada, Baja California.
¿Razonabilidad sin Razón?
Análisis a la fracción XXX del artículo 28 de la Ley del Impuesto Sobre la Renta para establecer su razonabilidad o no razonabilidad.
Es una obra patrocinada por Robertson, Saracho del Peral y Asociados S.C. de R.L. de C.V.
Prohibida su reproducción parcial o total por cualquier medio incluyendo: fotocopiadora, impresora digital, páginas electrónicas, cuentas de redes sociales; así como la elaboración de material editorial, educativo, audiovisual o cinematográfico basado en el argumento de esta obra sin la autorización expresa de los propietarios de los derechos de autor.

www.ingramcontent.com/pod-product-compliance
Lightning Source LLC
Chambersburg PA
CBHW030817180526
45163CB00003B/1316